ILONA EINWOHLT

DAS KREATIVBUCH über MICH, MEIN LEBEN und GOTT

Mit Illustrationen
von Dagmar Henze und
Thorsten Saleina

HERDER
FREIBURG · BASEL · WIEN

Schreibe oder male deinen Namen in kunterbunten Buchstaben! Das ist DEIN Buch, in dem ab heute niemand ohne deine Erlaubnis blättern darf.

DIESES BUCH GEHÖRT

GESCHENKT

von

am

Ich rufe dich
beim Namen.

Jesaja 43,1

HIER GEHT es um DICH und Deine VORLIEBEN.

DAS BIN ICH

Vorname: ....

Name: ....

Klasse: ....

Spitzname: ....

Adresse: ....

....

Telefon: ....

E-Mail: ....

Geburtstag: ....

Haarfarbe: ....

Augenfarbe: ....

Besondere Kennzeichen und Eigenschaften:

....

....

So sehe ich aus:

Das mache ich gerne in meiner Freizeit:

....

....

....

Daran erkennt mich jeder:

Stempel hier
deinen Fingerabdruck.

DIE LIEBSTE LISTE – MEINE LIEBLINGSDINGE:

- ◯ Oma und Opa besuchen
- ◯ Fahrrad fahren
- ◯ Räder schlagen
- ◯ Gummibären naschen
- ◯ Zocken
- ◯ Schneemann bauen
- ◯ Katzen
- ◯ Witze erzählen
- ◯ Sonnenblumen
- ◯ Löcher graben
- ◯ Höhlen bauen
- ◯ Toben
- ◯ Barfuß laufen
- ◯ Inlineskaten
- ◯ Fußball spielen
- ◯ Muscheln suchen
- ◯ Gekitzelt werden
- ◯ Legowelten bauen
- ◯ Pferde
- ◯ Meine Freunde
- ◯ Hunde

- [ ] Matschfüße
- [ ] Lesen
- [ ] Wettrennen
- [ ] Schokolade
- [ ] Sommersonne
- [ ] Gummitwist hüpfen
- [ ] Basteln
- [ ] Nackte Nudeln futtern
- [ ] Stöcke sammeln
- [ ] Eis schlecken
- [ ] Geschichten lauschen
- [ ] Kichern
- [ ] Lagerfeuer
- [ ] Pfützenhüpfen
- [ ] ....
- [ ] ....
- [ ] ....
- [ ] ....
- [ ] ....
- [ ] ....
- [ ] ....

* Zum Ankreuzen und Ergänzen

DAS ALLES MACHT MICH FROH:

Hier kannst du einkreisen, durchstreichen und ergänzen.

Sonne Ferien Schnee

Geburtstag haben

Barfuß über die Wiese laufen

Kuscheln mit Mama und Papa

Mein weltallerschönstes Erlebnis:

DAS ALLES MACHT MICH TRAURIG:

Streit Krieg Tod

Schlechte Noten Krank sein

Verbote Ungerechtigkeit

Mein doofstes Erlebnis überhaupt:

MEINE TAUFE

Ich wurde am .... in ....

getauft.

Meine Paten:

....

So sah ich als Täufling aus:

MEIN TAUFSPRUCH:

....

....

....

....

Mit der Taufkerze hast
du das Licht Christi
empfangen.

Mal die
Taufkerze
bunt aus:

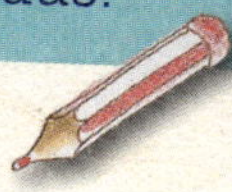

MEIN NAME

Ich heiße ....

Mein Name bedeutet ....

....

Der römische Statthalter Pontius Pilatus ließ oben am Kreuz Jesu eine Tafel anbringen. Darauf standen folgende Anfangsbuchstaben: INRI
Sie bedeuten: Iesus Nazarenus Rex Iudaerum – Jesus von Nazaret, König der Juden.

Finde mit den Buchstaben deines Namens Eigenschaften, die dich beschreiben, wie hier in diesen Beispielen von Jesus und Anna!

Jude
AmEn
geSegnet
TaUfe
ErlöSung

Außergewöhnlich
Niedlich
Neugierig
Aktiv

Jetzt bist du dran:

ZEHN TOLLE DINGE

Mache dir eine Liste mit zehn Dingen, die du besonders gut kannst. Oder noch besser, schreib sie dir in bunten Buchstaben groß auf einen Zettel und hänge das Blatt dann über dein Bett!

1. ....
2. ....
3. ....
4. ....
5. ....
6. ....
7. ....
8. ....
9. ....
10. ....

Beispiele: vorlesen, toben, Verantwortung übernehmen, rechnen, tanzen, andere zum Lachen bringen ...

WENN ICH EIN TIER WÄRE …

Stell dir vor, du wärst ein Tier!
Welches Tier wärst du? Und warum?

Stell dir vor, du wärst eine Pflanze.
Welche Pflanze wärst du? Und warum?

Nun aber bleibe ich immer
bei dir. Du hast mich ergriffen
an meiner Rechten.

Psalmen 73,23

HIER GEHT ES um deine FAMILIE und die Frage, wo du HERKOMMST.

MEIN STAMMBAUM

Wer gehört alles zu deiner Familie?

Fülle deinen Stammbaum aus, indem du deine Familie in die Rahmen malst.

Wenn deine Familie noch größer ist, also zum Beispiel Geschwister oder Haustiere fehlen, kannst du hier ergänzen:

....

....

....

....

Oma
Oma
Opa
Mama
Papa

FAMILIENBANDE

So sah ich als kleines Kind aus:

Das hat mir Papa beigebracht:

An Mama mag ich am liebsten:

Dieses Kindergebet habe ich von Oma/Opa oder ....
gelernt:

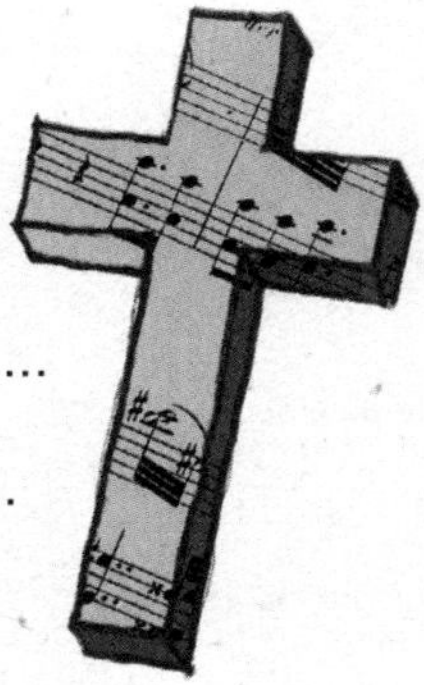

....

....

....

....

....

Am meisten sehe ich ....
aus meiner Familie ähnlich.

Wenn ich traurig bin, gehe ich zuerst zu ....,
weil ....

....

Wenn ich Fragen habe, gehe ich zu.................................,
weil ....

....

....

BRUDERHERZ UND SCHWESTERHERZ

Ich habe .... Schwester(n).

Ich habe .... Bruder/Brüder.

Meine Geschwister heißen ....

....

und sind .... Jahre alt.

Unser liebstes gemeinsames Spiel:

....

....

....

....

....

....

Das Tolle an Geschwistern ist:

....

....

Das Doofe an Geschwistern ist:

....

....

Falls du keine Geschwister hast, kannst du hier aufschreiben, was daran toll beziehungsweise doof ist, wenn man Einzelkind ist:

SO FEIERN WIR IN MEINER FAMILIE

So sieht mein Geburtstagskuchen aus:

Hier kannst du malen, kleben, schnipseln.

Dieses Geburtstagslied singen wir für jeden:

....

Unsere Sommerferien verbringen wir oft in ....

....

Folgende Verwandte feiern große Feste mit uns gemeinsam: ....

....

Wir beten gemeinsam …

- ◯ jeden Morgen
- ◯ jeden Abend
- ◯ vor dem Essen
- ◯ selten
- ◯ nur in der Kirche
- ◯ vor dem Einschlafen
- ◯ ....

AMEN =
sich ausrichten auf Gott
oder:
„So sei es!“

BIBELKUCHEN FÜR DICH!

Für einen leckeren Kuchen verrührst du folgende Zutaten, füllst sie in eine gefettete Backform und backst ihn bei 160° etwa 40 Minuten. Danach kannst du ihn nach Lust und Laune verzieren.
Wichtiger Tipp: Wenn du in der Bibel nachschlägst, findest du heraus, um welche Zutaten es sich handelt.

- 200 g 1. Könige 5,2
- 170 g Matthäus 2,18
- 150 g Richter 14,18
- 3 Jeremia 17,11
- 3 TL Zimt
- 1 EL Backpulver
- 2 EL 1. Korinther 3,2
- 1 Prise Levitikus 2,13

Mal den Kuchen bunt aus:

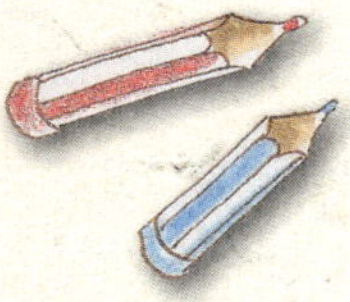

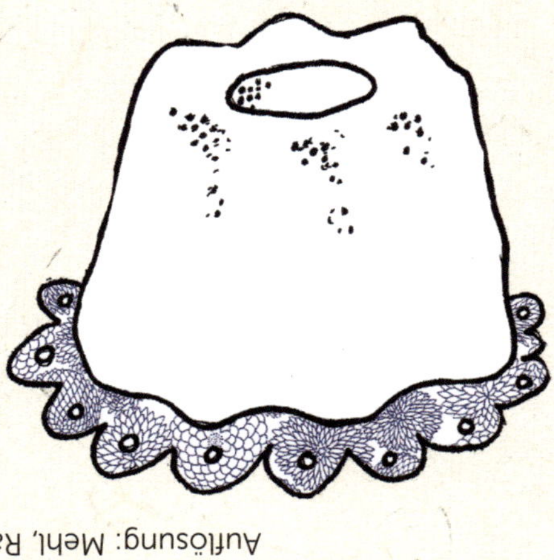

Auflösung: Mehl, Rama, Honig, Eier, Milch, Salz

LIEBLINGSGEBETE

Wie fröhlich bin ich aufgewacht,
wie hab ich geschlafen so sanft die Nacht.
Hab Dank, du lieber Vater mein,
dass du hast wollen bei mir sein.
Behüte mich auch diesen Tag,
dass mir kein Leid geschehen mag.

Was ist dein Lieblingsgebet?

Alle guten Gaben,
alles, was wir haben,
kommt, lieber Gott, von dir,
wir danken dir dafür.
In Gottes Namen schlaf ich ein,
die Englein sollen Wächter sein.

SCHREIBE SELBST EIN GEBET!

Lieber Gott,

ich danke dir für ....

Amen.

Lieber Gott,
mach, dass
....
....
Amen.

Lieber Gott,

heute war ein toller Tag, weil ....

....

Amen.

Lieber Gott,

bitte hilf mir, denn ....

....

Amen.

FAMILIENESISCH

In jeder Familie gibt es Wörter, die selbst erfunden sind und die nur die engsten Familienmitglieder kennen und verstehen.
Schreibe auf, welche Wörter das bei euch sind! Aber vergiss die Übersetzung nicht.

....

....

....

....

....

....

....

Beispiel:
Krumpelfumpel = doofe Klamotten
Knabberfutter = Rohkostmix

SPITZMAUS, SPITZBUB – SPITZNAME

Welche Spitz- und Kosenamen haben deine Eltern, Großeltern, Geschwister oder Freunde für dich parat? Schreibe sie hier auf!

Maus Süße Kröte

Schätzchen Hexe Mäuschen Hasi

Motte Schatz Sternschnuppe Krümel

Spatz Hosenscheißer Frosch

Püppi Muckel Stinki Engel

HEILIGABEND

Stell dir vor, du triffst jemanden aus einem fremden Land, der nicht weiß, was Weihnachten ist. Erkläre ihm, was für dich Heiligabend bedeutet, und erzähle hier, wie du mit deiner Familie den 24. Dezember und die folgenden Feiertage verbringst:

ALLE JAHRE WIEDER!

Darüber freue ich mich alle Jahre wieder:

Unser traditionelles Weihnachtsessen:

Meine Lieblingsplätzchensorte:

Mein Lieblingsweihnachtslied:

Mein Lieblingsweihnachtsgedicht:

....

....

Das gehört für mich zu Weihnachten unbedingt dazu und darf nie fehlen:

Krippe   Geschenke   Basteln

Christbaumkugeln   Kerzen   Singen

Schnee   Oma und Opa   Lebkuchen

Engel

Strohsterne

Hier darfst du durchstreichen und ergänzen.

OSTERN

Ostern ist ein ganz bedeutendes christliches Fest, eigentlich das wichtigste überhaupt: Jesus hat für uns sein Leben gegeben. Ostern bedeutet den Sieg des Lebens über den Tod. Statt Leid gibt es Freude, statt Zweifel gibt es Hoffnung.

Welche Bräuche und Rituale kennst du rund ums Osterfest?

Gute Idee für die Fastenzeit:
Wie wäre es, von Aschermittwoch bis Ostersonntag auf Süßigkeiten zu verzichten? Ganz Starke lassen in dieser Zeit auch ihre Handys, Computer und Fernseher aus.

Auf was könntest du verzichten?

OSTERQUIZ:

1. Für wen ist Ostern das wichtigste Fest?

a) Christen

b) Kinder

c) Muslime

2. Was feiern wir an Ostern?

a) Geburt der Frühlingslämmer

b) Auferstehung Jesu von dem Tod

c) Geburt Jesu

3. Welche Bedeutung hat der Gründonnerstag?

a) Alle laufen in grüner Kleidung herum.

b) Es wird endlich Frühling.

c) Jesus nahm das letzte Mahl mit seinen Jüngern.

4. Wie heißt der Tag, an dem Jesus ans Kreuz geschlagen wurde?

a) Christi Himmelfahrt

b) Karfreitag

c) Fronleichnam

5. An welchem Tag ist Jesus auferstanden?

a) Ostersamstag

b) Ostersonntag

c) Ostermontag

6. Warum werden ausgerechnet Ostereier bemalt und verschenkt?

a) Weil sie ein Symbol des Lebens sind und es verboten war, sie in der Fastenzeit zu essen.

b) Weil sie so lange haltbar sind und sich gut verstecken lassen.

c) Weil weiße Eier langweilig sind und alle sie zum Kuchenbacken brauchen.

Auflösung: 1a, 2b, 3c, 4b, 5b, 6a

Singen will ich
dem Herrn, der mir
Gutes getan hat.

Psalmen 13,6b

HIER GEHT es um
FREUNDSCHAFT
und was dir GUTTUT.

BESTE FREUNDE

Das alles sind meine Freundinnen und Freunde!

Name: ....

Spitzname: ....

Wir machen gemeinsam ....

....

Das mag ich an ihr/ihm: ....

....

Name: ....

Spitzname: ....

Wir machen gemeinsam ....

....

Das mag ich an ihr/ihm: ....

....

....

....

Name: .... Spitzname: ....

Wir machen gemeinsam ....

....

Das mag ich an ihr/ihm: ....

....

Name: .... Spitzname: ....

Wir machen gemeinsam ....

....

Das mag ich an ihr/ihm: ....

....

....

....

Name: .... Spitzname: ....

Wir machen gemeinsam ....

Das mag ich an ihr/ihm: ....

....

ICH MACH WAS!

Diese Dinge mache ich am liebsten alleine:

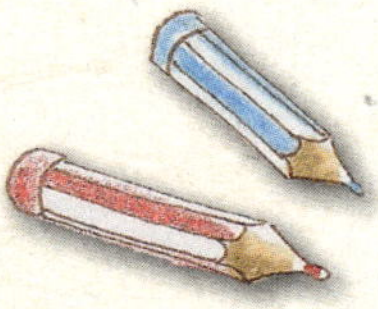

Lesen

Träumen

Beten

Diese Dinge erlebe ich am liebsten gemeinsam mit Freunden:

Kino

Kletterpark

Picknick

FEIERE EIN FEST!

Am liebsten hättest du jeden Tag Geburtstag, stimmt's? Überleg doch mal mit deinen Eltern, ob ihr nicht zusammen ein fröhliches Fest feiern wollt – mit allen und für alle Freunde!
Damit ihr die Vorbereitungen nicht alleine machen müsst, bringt jeder Gast etwas mit. Das könnte zum Beispiel Brot, Salat, Suppe, Gebäck, Käse oder Saft sein.

Schreibe die Namen aller Gäste, die zum Fest gekommen sind, auf einen kleinen Zettel. Falte die Zettel zusammen und sammle sie in einer Schachtel. Bitte nun den ältesten Gast, einen Zettel zu ziehen – wer gezogen wird, wird der Gastgeber für euer nächstes Fest!

Als bei der Hochzeit in Kana der Wein ausgeht,
sorgt Jesus für Nachschub:
Er wandelt Wasser in Wein. So macht er es möglich,
dass fröhlich weitergefeiert werden kann.
(Johannes 2,1-11)

Was fällt dir noch alles ein, was du gerne wandeln würdest? Schreibe es hier auf:

Wasser	=	Limo
Hass	=	Frieden
Steine	=	Geld
....	=	....
....	=	....
....	=	....
....	=	....
....	=	....

Das Wort „Fest" hat seine Wurzel im lateinischen Wort *fanum:* das Religiöse. Es bedeutet in etwa *Begegnung mit Gott zu einem festgesetzten Zeitpunkt.* Und das kann auch ganz einfach heißen: Spaß haben und Freunde treffen!

WELCHE FESTE KENNST BZW. FEIERST DU?

Trage sie hier ein:

Beispiele: Heilige Drei Könige, Fasching, Karfreitag, Ostern, Namenstag, Geburtstag, Pfingsten, Erntedank, Kommunion, Weihnachten

STARKE FREUNDSCHAFT

Gute Freunde ergänzen sich! Was der eine nicht kann, fällt dem anderen leichter – und umgekehrt.
Kreuze an, was auf dich zutrifft. Und überlege auch, wer von deinen Freunden etwas anderes ankreuzen würde.

ja	nein	
○	○	Ich kann mich schnell entscheiden.
○	○	Es fällt mir schwer, anderen in die Augen zu schauen.
○	○	Ich melde mich oft im Unterricht.
○	○	Ich lerne schnell neue Freunde kennen.
○	○	Es fällt mir schwer, vor anderen laut zu reden.
○	○	Ich lache und tobe gerne.
○	○	Ich bin super in Mathe.
○	○	Beim Streiten verliere ich meistens.
○	○	Ich bin mutig und lasse mich nicht so schnell einschüchtern.

ECHTE FREUNDE!

Diese Eigenschaften machen eine echte Freundin oder einen echten Freund für mich aus:

- Immer für mich da
- Lädt mich zum Geburtstag ein
- Verpetzt mich nicht
- Mag die gleichen Spiele
- Lustig
- Cool
- Lügt nicht
- ....

Daran merke ich, dass jemand nicht mein Freund/ meine Freundin ist:

- Lügt
- Petzt
- Hält sich nicht an Absprachen
- Verrät Geheimnisse
- Redet mies über mich
- Ich weiß nicht, was wir spielen sollen
- ....

MEIN BESTER FREUND

Wer ist dein bester Freund/deine beste Freundin?
Schreibe es hier auf:

....

....

....

Warum ist er/sie das?

....

....

....

....

....

....

Lass dich nicht
vom Bösen überwinden,
sondern überwinde das Böse
durch das Gute.

(Römer 12,21)

HIER GEHT es um deine

SCHWÄCHEN

und was dich

STARK MACHT.

GEHEIM, GEHEIM

Hier schreibst du alle deine geheimen Gedanken und Wünsche auf, die du sonst noch niemandem anvertraut hast!

Alles, was ich mir wünsche:

Alles, worüber ich mich ärgere:

Alles, was ich doof finde:

Psst, nicht weitersagen!

Alles, wofür ich mich schäme:

Alles, was andere sich von mir abschauen können:

Alles, was ich schon immer mal sagen wollte:

DAS FINDE ICH NICHT SO GUT AN MIR …

leise Stimme zu dick unpünktlich

habe ständig Langeweile

mag keinen Sport schlecht in Mathe

Aber mal ehrlich:
Ist es wirklich so schlimm?
Dreh mal den Scheinwerfer
und wirf ein neues Licht auf dich!
Dann steht da bestimmt zum Beispiel:
„Ich denke nach, bevor ich rede."
Oder: „Ich bin gut in Kunst." Stimmt's?

DAVOR HABE ICH ANGST

DAS BAUT MICH AUF ODER TUT MIR GUT

Werft alle euere Sorgen
auf ihn, denn ihm liegt an euch.

1. Petrus 5,7

Hier geht es um **FÜRSORGE, FRIEDEN** und **VERSÖHNUNG.**

WEN HAST DU ALLES LIEB?

Das bedeutet Liebe für mich:

....

....

....

....

Gott ist Liebe, und wer in der Liebe bleibt,
der bleibt in Gott und Gott bleibt in ihm.
(1 Johannes 4,16b)

Von wem möchtest du geliebt werden?

....

....

....

....

....

GOTTES LIEBE IST …

Vervollständige das ABC mit deinen eigenen Worten!

Allumfassend

B

C

D

E

F

G

H

I

Jeden Tag da

K

L

M

N

O

P

Quicklebendig

R

Sonnig

T

Umsorgend

V

W

XXL

Yippie Yeah

Zart

FRIEDEN

Erst der Frieden mit Gott ermöglicht Frieden unter den Menschen, heißt es. Beides ist nicht immer einfach zu erreichen, denn es bedeutet für dich: Du musst den ersten Schritt zur Versöhnung tun – auch wenn du dich im Recht fühlst! Probiere es einfach mal aus und spüre, wie gut du dich mit Vergebung im Herzen fühlst!

Ich habe mich blöd verhalten ...

Es tut mir leid, dass ...

Bitte verzeih mir, ich habe Mist gebaut.

„... wie auch wir
vergeben unsern Schuldigern ..."

(aus dem Gebet „Vaterunser"
Matthäus 6,12)

BARIS
(Türkisch)

SALAM
(Arabisch)

FRED
(Schwedisch)

VREDE
(Niederländisch)

MIR
(Russisch)

HEIWA
(Japanisch)

PEACE
(Englisch)

SCHALOM
(Hebräisch)

PACE
(Italienisch)

PAIX
(Französisch)

PAZ
(Spanisch)

GESTEN DER VERSÖHNUNG

Was ist dein Beitrag für eine friedliche Gemeinschaft, in der sich alle geliebt und angenommen fühlen können?

....

....

Wenn ich mich mit jemandem gestritten habe, fällt es mir schwer, den ersten Schritt zur Versöhnung zu tun.

„Hass kann den Hass nicht vertreiben, nur Liebe kann das."
(Martin Luther King)

○ ja ○ nein

Probier mal aus, wie sich das anfühlt:

- Grüße deine Nachbarin!
- Gib deinem Papa/Opa einen Extrakuss.
- Lächele den unfreundlichen Busfahrer an.
- Schenke dem Straßenmusikanten eine Münze.
- Winke dem kleinen Kind zu.

TASCHENGESCHENK

Bastele eine Bibel für die Hosentasche! Das ist übrigens auch ein tolles Geschenk.

Du brauchst:

- eine leere Streichholzschachtel
- Schere, Klebstoff, dickes farbiges Papier
- Lackstift oder wasserfesten Filzstift
- einen Zettel bzw. eine Schriftrolle (ca. 19 x 3 cm) mit deinem Lieblingsbibelvers (oder einem anderen Spruch)

Beklebe die Streichholzschachtel mit dem bunten Papier und male auf die Vorderseite ein Kreuz. Auf der Rückseite kannst du eine Nachricht mit deinem Namen hinterlassen. Dann schreibe deinen Spruch auf den Zettel, schneide ihn aus und rolle ihn so klein zusammen, dass er in die Streichholzschachtel passt.

Du hast auf weiten Raum
meinen Fuß gestellt.

Psalmen 31,9b

HIER GEHT
es um deine TRÄUME,
WÜNSCHE und ZIELE –
ein bisschen auch um
deine ZUKUNFT.

TRAUMZEIT

Schreibe eine Zeit lang gleich morgens nach dem Aufwachen auf, was du letzte Nacht geträumt hast.

Mein schrecklichster Traum:

Datum:

Datum:

Datum:

Datum:

Datum:

Mein schönster Traum:

WUNSCHFEE

Stell dir vor, eine gute Fee würde dir auf der Stelle ein paar Wünsche erfüllen. Welche wären das?

1. ....
2. ....
3. ....
4. ....
5. ....
6. ....
7. ....
8. ....
9. ....

   ....

10. ....

   ....

UND WAS WÜNSCHST DU DIR VON GOTT?

Vielleicht machen dich manche Dinge traurig und du denkst, das müsste schöner oder besser sein. Was wünschst du dir von Gott?

- ◯ Meine Eltern sollen sich wieder vertragen.
- ◯ Nette Lehrer und nicht so viele Hausaufgaben.
- ◯ Sonnenschein in den Ferien.
- ◯ Gute Freunde.
- ◯ Dass ich gesund bleibe.
- ◯ Meine Mannschaft soll gewinnen.

Bestimmt hast du aber noch ganz andere Wünsche!

Schreibe sie hier auf:

....

....

VOR ODER ZURÜCK

Stelle dir vor, du wärest 3 Jahre älter.
Wie wäre dein Leben dann?

Stelle dir vor, du wärest 5 Jahre jünger.
Wie wäre dein Leben dann?

Stelle dir vor, du wärest vor zweihundert Jahren geboren. Wie wäre dein Leben dann?

Stelle dir vor, du würdest erst in hundert Jahren leben. Wie sähe dein Leben aus?

Denn er entbietet für dich
seine Engel, dich zu behüten auf
all deinen Wegen.

Psalmen 91,11

HIER GEHT es um deinen weg zu GOTT und alles, was dich mit ihm VERBINDET.

SCHAU MAL IN DEN HIMMEL

Lege dich auf die Wiese und gucke in den Himmel über dir, spüre Gott bei dir.
Welche Wolkenbilder entdeckst du?

Warum kann man Gott eigentlich nicht sehen?

Schreibe deine Gedanken auf:

IN DER KIRCHE

Ganz bestimmt warst du schon öfters in einer Kirche, hier oder in den Ferien im Ausland. Welche hat dir am besten gefallen und warum?

....

Was findest du an deiner Kirche gut?

....

Wie heißt dein Pfarrer?

....

Wie fühlst du dich in der Kirche?

....

Was machst du, wenn du eine Kirche betrittst?

....

Was ist das Besondere an deiner Kirche?

....

Welcher ist dein Lieblingsspruch aus der Bibel?

....

MALE DEIN KIRCHENFENSTER!

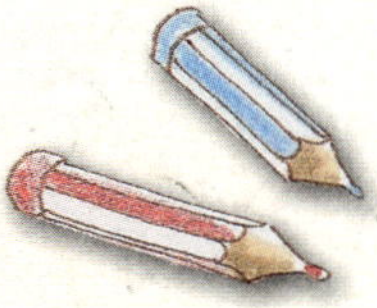

GUT BESCHÜTZT

Es ist gut, wenn du dich selbst sicher und stark fühlst. Gut ist es aber auch zu spüren, dass du von allen Seiten umsorgt und beschützt wirst: von deinen Eltern, FreundInnen, LehrerInnen, TrainerInnen. Und von Gott natürlich. Denn bei ihm kannst du dich so sicher fühlen wie in einer mächtigen Burg oder in einem geschützten Hafen.

An welchem Ort fühlst du dich besonders sicher und beschützt?

....

....

Wann spürst du Wärme und Geborgenheit?

....

....

Wer oder was hilft dir dabei?

....

....

EINFACH SEIN

Ganz klar: Hausaufgaben machen, Zimmer aufräumen und im Haushalt mithelfen – das ist normal und gehört dazu. Aber genauso gut darf man auch einfach nur mal „sein": chillen, dösen, sich langweilen – das braucht jeder. In diesen Momenten tanken wir Kraft und Ruhe. Vorausgesetzt, Computer, Fernseher und Handy sind aus!

Probiere es doch mal selbst: Langweile dich nach Kräften! Und schreibe hier auf, wie du dich dabei fühlst:

....

....

Schaut auf die Vögel
des Himmels: Sie säen nicht,
sie ernten nicht und sammeln nicht
in Scheunen und euer himmlischer
Vater ernährt sie.
(Matthäus 6,26)

FUTTERKUGELN FÜR „NICHTSNUTZE"

Im Winter kann man prima Vögel beobachten. Die Piepmätze freuen sich über eine leckere Futterkugel. Du kannst sogar selbst eine herstellen!

Und das geht so:

1. Schmelze in einem hohen Topf bei niedriger Temperatur 150 g Kokosfett und vermenge es mit 150 g Vogelfuttermischung. Achtung, nicht überhitzen!
2. Lass die Masse auskühlen.
3. Danach kannst du mit den Händen kleine Kugeln formen, in die du eine Kordelschlaufe einarbeitest.
4. Wenn deine Futterkugel im Kühlschrank oder draußen auf dem Fensterbrett fest geworden ist, ist es so weit: Hänge sie in Büsche oder Bäume und sieh den Vögeln beim Futtern zu!

WAS DU GOTT SCHON IMMER MAL FRAGEN WOLLTEST …

Schreibe es hier auf:

BEGEGNUNGEN MIT GOTT

Schreibe auf, in welchen Momenten du Gott besonders nahe spürst.

Zum Ankreuzen und Ergänzen!

- ○ In der Badewanne
- ○ Beim Gebet
- ○ Bei Mondschein
- ○ Beim Fahrradfahren
- ○ Im Wald
- ○ Beim Himmelgucken ....
- ○ Am Meer ....
- ○ In der Kirche ....
- ○ Beim Singen ....
- ○ Im Kerzenschein ....
- ○ Beim Laufen ....
- ○ In der Sonne ....

ZUKUNFTSFRAGEN

Wie siehst du in zehn Jahren aus?

Wirst du einmal Kinder haben?

Was willst du einmal werden?

ZUKUNFTSWÜNSCHE

Das wünsche ich mir für mein Leben:

SEGENSSPRUCH

Und er umarmte
und segnete sie, indem er
ihnen die Hände auflegte.
(Markus 10,16)

Vielleicht hast du es selbst schon mal erlebt: Wenn du jemandem in die Augen schaust und dabei freundlich lächelst, dann lächelt dieser Mensch meist zurück. Dein Lächeln hat Freude bereitet.
Und nun stelle dir vor, wie der Mensch, den du froh gemacht hast, darauf selbst jemanden anlächelt, der wiederum einen anderen anlächelt, der wieder einen anderen anlächelt und immer so weiter ...
Mancher wurde so vielleicht getröstet, ein anderer hat keine schlechte Laune mehr.
Deine Freundlichkeit ist also eine Kraft, die Gutes bewirkt und die du weitergeben kannst.

Der SEGEN ist eine noch viel stärkere Kraft. Er ist ein Zeichen der Liebe, er gibt Anteil an Gottes Kraft. Er soll dich beschützen und dein Leben reich und fruchtbar werden lassen. Wer ihn erhalten hat, der kann ihn weitergeben.
Wer weiß – vielleicht ist dein Lächeln ja ein Teil von dieser Kraft?

Ilona Einwohlt schreibt seit vielen Jahren mit Liebe, Lust und Leidenschaft Bücher für Kinder und Jugendliche und hat sich vor allem mit ihren Mädchenratgebern einen Namen gemacht. Mit viel Freude und Dankbarkeit erlebt sie die vielen Reaktionen auf ihre Bücher und ist sich ganz sicher, dass „da oben" jemand gut auf sie aufpasst.

Die beiden Bestseller-IllustratorInnen **Dagmar Henze** und **Thorsten Saleina** kommen beide gebürtig aus Stade, besuchten dasselbe Gymnasium und studierten gemeinsam an der HAW in Hamburg. Nachdem sie schon vor über 25 Jahren gemeinsam malten und bastelten, kleben die beiden auch heute noch begeistert zusammen – u. a. das Artwork für dieses Buch.

www.herder.de

Gesamtgestaltung: Veronika Preisler, München
Illustrationen: Dagmar Henze und Thorsten Saleina
Druck: Graspo, Zlín
Printed in the Czech Republic

Gedruckt auf umweltfreundlichem,
chlorfrei gebleichtem Papier

ISBN 978-3-451-71642-3